Manual para una muerte consciente

Manual para una muerte consciente

Patricia V Fernández Ramos

Círculo Rojo
EDITORIAL

Primera edición: abril 2025

Depósito legal: AL 4577-2025

ISBN: 979-13-7008-816-3

Impresión y encuadernación: Editorial Círculo Rojo

© Del texto: Patricia V Fernández Ramos
© De la ilustración de portada: Alicia Abril
© Maquetación y diseño: Equipo de Editorial Círculo Rojo

Editorial Círculo Rojo
www.editorialcirculorojo.com
info@editorialcirculorojo.com

Impreso en España — Printed in Spain

INTRODUCCIÓN

Mi nombre es Patricia, desde muy pequeña he tenido experiencias paranormales, y siempre me he sentido muy cerca y unida a la muerte; la siento de modo que hasta he llegado a predecir algunas catástrofes donde morían muchas personas.

El sentirla tan cerca, el rodearme tanto de ella y, sobre todo, mis experiencias con ella me hace ver que no estamos preparados para morir y ver morir.

Al igual que para el momento del nacimiento existen personas que nos asisten ante ese momento (que también es una explosión de emociones), debería haber asistencia a la muerte, por muchos motivos que poco a poco iré desgranando en este manual.

El trato que tenemos hacia ella es, en primer lugar, por miedo e ignorancia, pero el modo en el que la vemos también es por motivos religiosos o culturales, ya que si miramos en otros países y culturas antiguas, como por ejemplo la egipcia, basaban su vida en prepararse para ella.

En países como América celebran la muerte desde la tristeza lógica de la pérdida, pero lo hacen a modo de fiesta.

Y mi razonamiento es, ¿por qué no hay profesionales que asistan a las personas que van a trascender? ¿Habrá un paso más importante? Hoy día lo que se hace en el caso de una muerte en un hospital es la sedación y a esperar… ¿Sabes que en ese punto en el que la persona se encuentra entre ambos lados ocurren muchas cosas? Las cuales no vemos, pero sin embargo pueden marcar de qué forma trasciende esa persona y a la vez puede convertirse en una experiencia muy especial para la familia que lo acompaña…

Bueno, iremos tratando por partes, lo que sí, todas y cada una de las palabras aquí escritas son verídicas, son parte de mi experiencia de vida y tal vez sea mi propósito en ella.

CAPÍTULO UNO

Cómo y cuándo pasan las experiencias

Antes de entrar en el tema fundamental, me gustaría contarte cómo me siento en cada una de las sesiones y cómo suceden.

En mi caso no es algo que yo provoque, no al menos en los casos donde conecto con algún ser que necesita ayuda. Es verdad que suele darse el entorno idóneo en mí, es decir, estoy tranquila y, como yo lo llamo, conectada, pero no elijo a quién ni cuándo, solo estoy mucho más abierta a recibir mensajes cuando echo las cartas, pero porque para mí es un vehículo de conexión. Sí decir que no me dedico profesionalmente a echar las cartas, lo hago en *petit comité* y como algún que otro favor.

Lo primero que noto es un sentimiento de vacío enorme donde mi respuesta a mí misma es: ya está aquí… siento a la muerte. Para que lo entiendas, es ese sentimiento tan malo que uno siente cuando pierdes a alguien, pero en este caso no hay ningún motivo aparente. Esto es lo que siento cuando el ser que llega es algún ser que necesita ayuda. Cuando son seres que ya llevan tiempo en el otro lado es muy diferente, ya que ellos están totalmente integrados en su vida allí y todo fluye como en un trance donde hay una conversación bilateral. Lo que sí, cuando acabo me deja sin energía, es una descarga energética para mí enorme.

Cuando se trata de prestarle ayuda a algún ser perdido o alguien que simplemente quiere dar un mensaje, lo que veo es una luz con un rostro tenue, pero su energía es la que me dice quién es. Ellos no se comunican con palabras, todo va mediante telepatía, lo llamo yo, sentimientos, imágenes e incluso puede que hasta olores.

Por ejemplo, te cuento un caso reciente que me pasó.

Iba de visita a casa de unos buenos amigos a los que apreciamos mucho, pero con los que no tenemos una relación diaria. Mientras iba en el coche camino a su casa, me vino la imagen de un señor mayor junto con un olor muy fuerte a tabaco. A la vez, me mostró un mensaje para una de las personas a la que iba a ver. Aparte de mostrarme parte de su vida, la cual al contársela a la receptora de dicho mensaje me confirmó quién era y que era así, aunque he de decir que en estos casos lo que más agradecen es el mensaje que reciben ya que les da paz.

Existe un caso que contaré un poco así por encima de los cuales también experimento a menudo y es el caso contrario, personas que dejan pendientes cosas que decirles o arrepentimientos en vida que tuvieron con la persona que ha trascendido y les atormenta el hecho de que ya no podrá decírselo.

En este caso te daré un consejo: primero pídele señales, en algún momento las recibirás, y una vez lo hagas y la recibas háblale, háblale como si lo tuvieras junto a ti. En algún momento sentirás la calma que necesitas porque el mensaje lo ha recibido y el amor de ellos así te lo hará saber.

¡¡¡Recuerda, el amor lo mueve todo y ni la energía ni el amor muere NUNCA!!!

Pero recordarte que el tema que aquí trataremos será la transición de un lado a otro consciente.

¡ASÍ QUE VAMOS A ELLO!

CAPÍTULO DOS

Primera toma de contacto

Bueno, yo ya me he presentado, aunque no sé nada de ti. Espero que me permitas tutearte, ya que he de reconocer que será una conversación delicada, la cual no todo el mundo recibirá de la misma manera, pero sí será desde el máximo respeto y escrito desde el amor más puro. No será tampoco un libro normal, será un consejero de cómo hacer de una situación desagradable, triste y hasta traumática, intentar conseguir algo bonito e inolvidable, una experiencia única al igual que lo es cada parto para cada madre, padre y bebé.

Me hago una pregunta: ¿si para nacer preparamos tantas cosas, por qué cuando morimos no? Para quien ha vivido una vida larga es una alegría poder llegar ahí, por lo cual deberíamos celebrarlo. Luego entraremos en otro tipo de muertes que no son las longevas.

La mayor duda y miedo que tenemos es adónde vamos… ¿hay algo más?

Y sin nombrar el que no volveremos a ver a esa persona, eso es lo peor ya que somos egoístas por naturaleza a la vez que el amor que sentimos nos hace sufrir por ese ser querido.

Puede resultar frívolo hablar de esta forma de la muerte, sobre todo habiendo situaciones que son realmente traumáticas, pero más adelante también entraremos en ellas. Recordar que esto no es un libro de cómo vivir la vida, sino de cómo enfrentar la muerte, ya seamos el que va a morir o la persona que va a sufrir la pérdida.

Lo primero que haremos será cambiar la palabra morir por trascender, ya no suena igual, ¿verdad? Pues es lo mismo, y no tiene nada que ver la religión o las creencias independientes de cada uno. Te contaré mi experiencia donde puedo asegurar que hay, como yo lo llamo, el otro lado, el cual no nos separa ni una milésima de segundo. Es un fino velo que algunas personas somos capaces de percibir, o nos dan la oportunidad de poder hacerlo.

CAPÍTULO TRES

La señora del psiquiátrico

Me gustaría contarte una de mis primeras experiencias, donde aparte de aprender ciertas cosas también puede que te sientas identificado ya que no venimos con un libro de instrucciones que nos enseñe a manejar esto.

Hace unos años (no diré cuántos, pero muchos) empecé a encontrarme muy mal, al punto que llegué a somatizar un bulto en un pecho... por más pruebas que me hacía nadie sabía lo que era porque estaba ahí, pero sin embargo no se veía en ninguna prueba, ¿bueno en cierto modo mejor verdad?

Pero mi cabeza era un hervidero lleno de miedo. Lo que no llegaba a entender era por qué tenía el sentimiento de que me moría y dejaba huérfana a mi hija. Realmente lo pasé muy mal; así me llevé más de un año, hasta que un día un gran amigo y maestro me dijo:

—Vamos a intentar hacer una meditación donde podamos conectar con lo que te pasa.

Ya sabía que tenía una sensibilidad diferente, pero no hasta ese punto.

Tumbada en una camilla, seguía sus instrucciones: respiración, etcétera… De pronto:

Me encuentro en una habitación de hospital. La energía que llegaba era de ser psiquiátrico… Frente a mí, una puerta con un largo pasillo semi oscuro enfrente. Era sobrio, y al mirar a mi derecha, una cama con una señora en ella. Tenía el pelo largo y negro, ojos negros; su piel estaba un poco arrugada, indicaba una mediana edad, pero una vida sufrida… Eso sí, sus labios los tenía pintados de color rosa fucsia. Me acerqué a ella y le pregunté qué hacía allí. Ella ya no pertenecía a este mundo, debería haber trascendido, pero me decía que no quería irse, que su hijo, al que desde hacía mucho tiempo no veía, no le había pedido perdón por haberlo abandonado debido a su mala vida. Murió a causa de un cáncer de mama, pero estaba interna en un psiquiátrico debido a sus adicciones. Debió ser por eso que no mantenía relación con su hijo. No quise entrar más en su vida, ya que mi misión era que trascendiera… No había forma de razonar con ella.

Y de momento, a mi espalda, donde se encontraba una ventana con rejas… se abrió una enorme luz… No puedo describir con palabras lo que salía de allí, solo me sale decir que muchísima paz y muchísimo amor… En esos momentos yo era una mera espectadora… No sabía lo que sucedería, y de pronto salió de esa luz un perro, de tamaño mediano, blanco con manchas marrones, que movía la cola con la alegría de haberse reencontrado con alguien a quien en su día quiso mucho. Entonces esta mujer se levantó de la cama, lo reconoció y se fue hacia él llorando de alegría al verlo, y en unos segundos la luz los engulló. Por fin pasó al otro lado…

Desde ese momento no volví a sentir miedo ni esa desesperanza del abandono y se me quitó el bulto del pecho...

¿Qué aprendí? Aprendí que era capaz de conectar con quien el ojo no ve, aprendí que el amor tan puro que salía de allí no lo hay en ningún otro sitio y lo más importante: hay que solucionar los problemas.

CAPÍTULO CUATRO
Ni al cielo ni al infierno

Muchas, por no decir todas, las experiencias paranormales, como las solemos llamar, que tenemos, son por personas que han trascendido con causas pendientes. Puede haber millones de motivos, ya sea por muertes traumáticas como una enfermedad dolorosa, un suicidio, orgullo en sí por la vida vivida, un asesinato… Miles de motivos por los que uno se marcha con causas pendientes, las cuales luego quiere solucionar desde el otro lado. Te iré contando de cada una de ellas, ya que he experimentado y ayudado a seres en este tipo de circunstancias, al igual que hay quien transciende de una forma consciente, que es lo que deberíamos conseguir y a lo que me gustaría ayudar con este manual…

Trascender de una manera consciente, sin miedo y con todo resuelto, aunque he de ser sincera: todo está relacionado y, para poder llegar a ello, también está muy unido el modo en el que hemos vivido. No me refiero a haber sido buena o mala persona; eso es algo que cada uno lleva grabado en su experiencia de vida y, si ha logrado su propósito por el que vino aquí, eso repercutirá en su vuelta de nuevo al mundo, pero no a su forma de morir. Conozco casos en los que la persona era un huraño antipático y, sin embargo, tuvo una muerte muy consciente, por lo cual no necesitó asistencia en el otro lado; simplemente pasó de una forma plácida y sin más, y eso hizo que la familia a la vez estuviera en paz y tranquila. Todo va unido: ellos están bien, nosotros también.

En este capítulo me gustaría hacer un inciso, ya que en él te he hablado de personas buenas o malas. Hay un tema que también está unido a la muerte y a la vez a la vida: el tema espíritus, entes… Bueno, aquí podríamos llamarlos de mil maneras, malas energías, llámalos como quieras.

Me quiero referir a los espíritus malos, a los que llaman burlones, a los que invaden o poseen una casa o atormentan a una persona, con los que hay que tener cuidado.

Cuando a alguien se le ocurre hacer la ouija o cosas de este estilo, no son nada de broma y hay que tenerles mucho respeto, ya que pueden ser peligrosos y con estos no hay que jugar.

Me gustaría explicarte que, al igual que en la vida terrenal hay personas buenas y personas malas, según mueran su energía no cambia. Me explico mejor, y te pongo un ejemplo:

Imagina a algún psicópata o asesino en serie, seguro que se te viene alguno a la cabeza. Por desgracia hay muchos. Si esa persona tiene una muerte traumática, se llevará su energía, la misma que tuvo aquí, ya que solo se romperá el frasco que contenía esa maldad, y acabará perdido. Y si lo encuentras, puede ser mala idea… A no ser que esa persona que en vida ha sido mala se arrepienta en su lecho de muerte y pase de una forma consciente desde el amor y la paz, no será reha-bilitado. Las almas perdidas o espíritus malos son personas que se han llevado su sufrimiento y no saben asumir dónde se encuentran.

Podría contarte casos de personas que han sido atormen-tadas por este tipo de energías por el hecho de hacer un juego.

¡Ante todo respeto, creas en ello o no!

CAPÍTULO CINCO

Muerte traumática

Bien, este capítulo será difícil, pero no por ello es menos verdad. Es la cruda realidad que, por desgracia, nos puede pasar a cualquiera, bien como paciente o bien como familiar testigo y sufridor del ser querido. Lo primero que me gustaría hacerte es una pregunta, bueno, dos, y sé que serán difíciles de responder, pero al menos solo piensa en ello...

¿Si fueses a morir te gustaría saberlo?

¿Si tu ser querido fuese a morir, se lo dirías?

Es un gran dilema. Yo creo que la respuesta también dependería de la forma de ser de quien se encuentre en esta situación, pero seamos sinceros: ¿realmente creemos que el que tiene una enfermedad no sabe lo que le va a pasar?

Te contaré un caso que viví con una muerte traumática por una grave enfermedad. En mi manual no leerás ningún nombre, ya que no es necesario. Son seres de luz hoy día y ya no pertenecen a este plano, así que le llamaremos X.

Bien, X padecía una enfermedad de las que da miedo ponerle nombre... Era una persona la cual no era consciente de lo que tenía, su familia así lo decidió y bien está, pues en estos casos nunca debemos juzgar.

Sufrió mucho, falleció en muy malas condiciones y sin ser consciente del porqué estaba sufriendo tanto. Realmente la enfermedad se cebó con ella, se puede decir que descansó… Pero no. A los pocos días de morir, empecé a tener visiones muy desagradables y dolorosas, las cuales nos ahorraremos, ya que no veo necesario describir. Simplemente te diré que veía las consecuencias y las secuelas que iba teniendo la enfermedad en ella, sentía el sufrimiento, el dolor. Se quedó perdida… y me atormentaba, ya que no era consciente de que ya no formaba parte de este lado. Pero era tal el tormento que no razonaba, se había llevado al otro lado el sufrimiento de aquí y se convirtió en algo oscuro. En este caso yo no pude ayudarla, fui yo la que pidió ayuda a ellos, porque en el otro lado también hay asistencia donde rehabilitan y ayudan a los seres perdidos.

Durante varios meses no volví a saber de ella, pero una noche, despierta, vino a visitarme. Ya estaba rehabilitada; sin embargo, era ella, pero no como puedes imaginar, ni con su mismo cuerpo ni cara. Son luz, pero por su energía sabes que son ellos, y ella vino. En este caso, me dio un mensaje para uno de sus hijos, ya que no habían tenido en vida buena relación, y en eso sí podía ayudarla. Me despedí de ella y le di el mensaje a su hijo, donde pude corroborar la veracidad de lo que yo veía y lo que ella me dijo. En este caso era algo que sí podemos hacer, pero como te contaré en el siguiente, es imposible.

De aquí me gustaría destacar que, pase lo que pase, nunca estamos solos. El universo, en todos sus planos, está muy bien organizado y no debemos tener miedo. Lo que sí puedo asegurar es que en el otro lado hay una jerarquía. No creáis que se puede llamar a un ser querido cuando uno quiera y aparecerá, ¡¡¡no!!!

El libre albedrío solo lo tenemos aquí, en el plano terrenal, y debemos aprovecharlo.

CAPÍTULO SEIS

No puedo hacer lo que tú no hiciste en vida

En este capítulo os hablaré de la importancia de dejar todas las cosas resueltas y de vivir la vida que queramos sin dejarnos nada atrás. No hace falta para ello que estemos enfermos o vayamos a trascender en poco tiempo. Este caso me llevó varios meses y descubrí cosas en él, pero yo ya no podía hacer nada. No me estaban pidiendo un simple mensaje...

Hace 20 años, una persona muy importante en mi vida, por sus motivos, el cual no aguantaba más a la persona con la que convivía, decidió suicidarse. Este tipo de muerte es algo que no está bien visto aquí ni está bien visto allí, ya que para los que están en el otro lado, la vida es un regalo que nos ofrecen con libre albedrío y no tenemos por qué interrumpirla cuando queramos. De hecho, este tipo de trascendencia tiene consecuencias del otro lado. No te castigan mirando cara a la pared, pero sí te mandan de vuelta antes de lo que te tocaría, ya que todos tenemos un propósito y depende de nosotros cumplirlo o no, pero no debemos interrumpirlo. Bueno, que me enrollo un montón, continúo...

Él se suicidó, pero no fue hasta pasados unos meses, creo recordar, que fue cuando tuve el primer contacto con él. Quería hacer un inciso para dejar claro que yo no puedo llamarlos ni elijo ni a quién ni cuándo tener contacto con ellos. Bien, empezó el primer contacto donde me insistía con problemas de su casa y su mujer. Ellos no tenían hijos, de manera que, parece ser, según él, se estaban metiendo en su casa personas que querían manipular a su mujer por el dinero y las propiedades... Yo aquí mi respuesta siempre era la misma: ¡no puedo hacer nada! Tendrías que haberlo solucionado tú antes de haberte quitado la vida... Así se llevó meses... Un día me dijo que el testamento de ella habían conseguido cambiarlo, hasta la cuenta de ahorros. La estaban robando, de manera que contacté con un familiar de esta señora y de él y le pregunté directamente: ¿qué está pasando con el testamento de esta señora? Este hombre se puso tan nervioso que le temblaba la voz y solo alcanzó a decirme que cómo sabía yo eso. Mi respuesta fue sincera: que el marido de ella me lo había dicho. Claro, se puso pálido y me contó que habían conseguido cambiar el testamento para que la casa y el dinero lo repartiera entre todos esos sobrinos que nunca habían aparecido por allí en vida. Hasta el dinero se lo cambiaron de cuenta... pero lamentablemente yo no podía hacer nada... Se lo dije muy seriamente a este señor: lo siento, pero no se puede solucionar. Ella así lo ha dejado que lo hagan y ni tú estás aquí para arreglarlo ni yo puedo meterme.

Este hombre no tuvo más remedio que asumirlo y seguir adelante. Al tiempo vino a despedirse porque volvía aquí... No volví a saber más de él; de ella, sin embargo, sí. Está en una residencia y le han sacado hasta los ojos.

CAPÍTULO SIETE

«Preparándome para ese momento»

En este capítulo hablaremos de todo lo contrario, un hombre al que le dicen por una enfermedad que no le queda mucho de vida, un máximo de dos años... En este caso hablamos de un señor que ha vivido su vida como ha querido y relativamente joven, de unos 60 años, pero decidió seguir viviéndola sin pensar en cuánto le quedaba, pero sí antes dejar todos los cabos sueltos bien amarrados.

Este caso me toca de cerca, por lo cual, cuando llegó su etapa final, intentamos hacer que trascendiera de la forma más plácida y rodeado de todo el amor del mundo, incluso por parte de aquellas personas que en vida no se habían portado bien con él o él con ellos... Hubo una unión familiar respetuosa, llena de amor y respeto. El tránsito de este hombre fue relativamente rápido, pero al menos sí en el entorno adecuado, a pesar de ser en un hospital.

Hay algo que me gustaría especificar y es que hay personas que, por sus creencias religiosas, piden o directamente se lo hacen, la extrema unción, y todo esto no tiene nada que ver con ello. Los pecados de cada uno no tienen que ver con la manera o la forma de trascender. De hecho, el tema pecado daría para otro libro. Aquí la religión nada tiene que ver, pero tampoco para los del otro lado. El hecho de que se hable de espíritus malos o de malas y buenas energías está relacionado con todo lo que aquí estamos hablando: personas que se han perdido por su forma de fallecer, por ser más o menos conscientes de ello, por llevarse al otro lado el sufrimiento que tuvo aquí. A mí me gusta comparar la muerte con un cubito de hielo. El ser vivo, ya seamos los humanos o los animales, somos el cubito de hielo y cuando morimos nos derretimos, nos convertimos en agua, es decir, nos expandimos. Está científicamente demostrado: somos energía y nunca morimos, solo trascendemos a otro estado y a otro plano o lugar.

CAPÍTULO OCHO

Casos de muertes conscientes

Podría nombrar muchos casos de muertes conscientes, incluso muchos de ellos de personas famosas o conocidas. Evidentemente, por respeto a ellos no los nombraré, pero seguro que cuando leas cómo son, algún nombre se te viene a la cabeza.

La muerte consciente no es más que la transición de un plano a otro sin que la persona y luego el espíritu, energía o como queráis llamarlo, lo note, pero sepa en cada momento reconocer dónde está y saber que ha pasado de un lugar a otro. En estos casos son en los que a veces la persona que está en el proceso de tránsito puede ver a seres queridos antepasados, e incluso mascotas que en su día tuvo. Ese tipo de muertes son en las que más amor hay, ya que la familia que rodea a la persona suele intentar crear un ambiente de paz y amor, e incluso de algo de humor dentro de la tristeza que uno siente ante tal circunstancia, pero siempre teniendo presente que esto en nuestro país es algo cultural…

He tenido varias experiencias de este tipo de transición y es cierto que en algún caso puede suponer algún que otro problemilla que también veremos, pero primero vayamos con el primer caso.

Una señora de avanzada edad con una enfermedad terminal de la cual tenía hace unos años, pero ella libremente decidió no tratarse y ser consciente de que cuando le llegara su hora allí estaría para recibirla. He de decir que muy valiente por su parte y yo, que llegué a conocerla, también decir que fue una señora que, aparte de haber vivido una vida como quiso, la vivió muy bien en todos los aspectos.

Evidentemente arregló todos sus asuntos, y cuando llegó su día fue ingresada, pero se despidió de su familia. Les dijo que los quería mucho y en 5 minutos había trascendido.

No es normal tener contacto con alguien que ha muerto recientemente, de no ser que haya sido una muerte muy consciente. Esta señora, aun con el cuerpo caliente, me decía que llamara a un ser querido suyo porque no hacía más que pedirle perdón y llorar, y ella no entendía por qué simplemente quería que le dijera que lo quería mucho y que estaba bien. Efectivamente, llamé por teléfono a esta persona, que me cogió el teléfono sollozando, como ella bien me había transmitido, y yo hice lo mismo: darle el mensaje.

Hablo mucho de los que fallecen o trascienden, pero no sabes lo importante que es para la familia este tipo de transición. La familia se queda en paz sabiendo que su ser querido está bien, y hace de ese momento un recuerdo de amor donde recordará siempre sus últimas palabras y su cara de descanso. Es tener una muerte consciente e incluso una muerte donde haya una asistencia por parte de alguien que sepa. Puede hacer de un momento muy duro, puede crear un recuerdo donde la paz y el amor sean lo que perdure en el tiempo.

Ahora te contaré otro caso de una muerte consciente pero donde hubo ataduras. ¿Qué significa esto? Pues que la misma familia es la que no lo deja ir, aunque la persona sea consciente de su situación, también es consciente del sufrimiento que tienen sus seres queridos y el amor, que al final es el que lo mueve todo. El amor que sienten por ellos es capaz de no dejarlos ir por no hacerles daño...

En este caso hablamos de un señor de mediana edad, joven para partir, pero como tantos otros... Tras una larga enfermedad llegó a la fase terminal, y llegó su día... Él, consciente de ello, tumbado en la cama de la habitación del hospital, rodeado de todos sus seres queridos, los cuales no dejaban de llorar y de lamentarse. Él, con una sedación muy suave para que pudiera disfrutar de sus últimos minutos, ya que tampoco tenía tanto dolor como para sedarlo del todo. Al final tuvieron que echar a la familia de la habitación porque el hombre no hacía más que despedirse una y otra vez con la mano, diciendo adiós, pero era tal el lazo que no lo dejaban marchar. Hasta que la enfermera vino, lo dejaron solo y en un minuto ya se había ido...

¿Qué sacamos de aquí? Bien, la familia jugamos un papel fundamental en estos procesos. Debemos ser generosos con ellos, debemos reservar parte del dolor que tenemos o al menos no mostrárselo a ellos. He de recordar que quien está en una fase terminal de transición son ellos y tenemos que estar ahí para apoyarlos en estos últimos momentos también. Podemos hacer muchas cosas para ayudarlos, lo veremos en otro capítulo.

Otra experiencia que tuve fue con mi perrita, no menos importante por ser una mascota. Ella tenía 16 años y teníamos una unión muy especial. En cuestión de una semana su deterioro fue tal que daba miedo verla, pero yo era incapaz de sacrificarla.

Tenía 2 perritos más y, para que estuviera tranquila, la tenía apartada de ellos, pero era escucharme y, con las pocas fuerzas que le quedaban, levantaba la cabeza. Ya no comía ni bebía. Le pedí por favor que se fuera, que ni ella ni yo podíamos seguir así. Le dije que la quería mucho y que siempre la sentiría conmigo. Cuando salí de la habitación, a los 5 minutos entró mi marido y ya se había ido... Pues es lo mismo que hemos hablado antes: hay lazos que tenemos que cortar y ser generosos porque también puede suponer un impedimento a la hora del tránsito.

CAPÍTULO NUEVE
Muertes fortuitas

Un tema que también es difícil de tratar y a la vez necesario es qué pasa cuando hay una muerte fortuita, un accidente, un asesinato, una masacre terrorista o por una guerra.

En esos casos hay mucha movilización en el otro lado. Las personas que tenemos esta sensibilidad sentimos incluso antes de que sucedan el movimiento que hay y se siente cómo se están preparando para recibir este tipo de seres que han tenido esta transición tan brusca y a veces tan catastrófica. Ellos son los que se encargan de asistirlos. Yo he podido ver cómo lo hacían con un niño y son seres de luz que rehabilitan y curan esas heridas para que los rasgos más característicos de la vida que han vivido y quienes eran vuelvan como debían estar.

Como ya he comentado en capítulos anteriores, nosotros vivimos aquí con el libre albedrío, pero allí no, allí hay jerarquías.

Algo que te recomiendo es que confíes porque hay vida después de la vida, y si quieres comprobarlo pide señales que tarde o temprano te las enviarán. Como te digo, a lo mejor no en el mismo día, pero cuando puedan te las enviarán y así sabrás que están bien y que hay mucho más de lo que el ojo ve.

CAPÍTULO DIEZ

Cómo asistir a alguien que está en proceso de trascender pero no es consciente

Este capítulo para mí tal vez sea uno de los más importantes ya que en él te contaré cómo debería de hacerse. Es más, en mi opinión, en todos los centros de cuidados paliativos debería haber este tipo de asistencia, y si la persona ha decidido, o los propios médicos, que sea en su casa, pues mejor, ya que la preparación y la asistencia se puede hacer aún más cercana. En este capítulo tenemos que separar varias situaciones que nos podemos encontrar.

La primera es que la persona que va a trascender sea consciente o no de su situación.

En el caso de no ser consciente, vaya por delante el amor y sobre todo nada de lamentaciones delante de él o ella, ya que si hemos decidido que no sepa lo que hay, no es el momento de decírselo poco tiempo antes ya que puede suponer una destrucción y mayor sufrimiento. En el caso de ser tanto en casa como en un hospital, debemos favorecer un ambiente de paz, de armonía. Hay sitios donde el paciente puede elegir su comida favorita, poner música, una charla amena, nada que ver con lo que se está gestando ya que recordemos que no serían personas conscientes del paso al que se enfrentan, aunque nadie es tonto...

Puede darse el caso que, si la persona está consciente, no está sedada, pueda llegar a decir que está viendo a alguien que ya trascendió hace tiempo. Tener por seguro que no es una alucinación, es que el momento está llegando. En este caso yo le preguntaría y me interesaría por saber... «¿Ah, sí? Y... ¿y te dice algo? ¡Qué bonito! ¿Y qué más ves? ¿Te dice algo?»

Le ayudaréis a él o ella y a la vez te darás cuenta de que no solo somos carne y hueso, somos mucho más... Somos parte de la naturaleza, del universo. Somos PERFECTAMENTE IMPERFECTOS...

Una vez haya partido, desearle buen viaje y sobre todo decirles que esperas que te mande alguna señal.

CAPÍTULO ONCE

Cómo asistir a alguien que está a punto de trascender conscientemente

Este caso tal vez sea uno de los más duros, de los más generosos, pero a la vez de los más reconfortantes y difíciles de olvidar.

Al igual que en todo, se pueden suceder varios escenarios, que sea en casa o que sea en un hospital debido al estado del paciente o simplemente por propia elección. Como dije en un principio, aquí no se juzga nada. Toda elección es la acertada ya que en estos casos siempre actúa el corazón y nadie puede juzgar algo tan importante en la vida de las personas, de ahí que mi interés y mi intención vaya a que se humanice la muerte, no solo culturalmente hablando, sino dando elecciones, no solo la de dormir al paciente y adiós. Lo mismo no quiere eso… Igual que se está intentando, y cada vez hay más lugares donde los partos son naturales y humanizados, debería de tratarse la muerte igual, pero bueno, espero algún día poder conseguirlo.

¡Jo! ¡Cómo me enrollo, sigamos a lo que vamos!

Pongámonos en el lugar de una persona que está en fase terminal o cercana a ella. Al ser consciente de su situación, lo primero que deberíamos hacer es ver qué quiere esa persona, no solo en vida, sino si quiere también elegir algo una vez haya partido. Recordemos y tengamos presente que aquí mandan ellos, son sus últimas voluntades, y eso es LEY.

Te voy a contar la experiencia de una persona joven que fue consciente de su transición. Bien, esta persona decidió que, aunque fuera en una habitación de hospital, ya que por su estado era irremediable, sería una partida bonita y muy natural…

Eligió las personas a las que quería a su alrededor, prescindió de algunas, por algo sería. Quería que su habitación tuviera una luz tenue con alguna luz de vela de color rosa y flores, muchas flores.

Y de fondo eligió su música favorita, nada de música triste. Era música que se ponía cuando estaba desanimada, pero la empoderaba. Pidió nada de lamentos y las lágrimas justas, ya que prometió que volvería y les mandaría señales a los que allí estaban.

Preparó su funeral, donde quiso color, música y un pequeño *catering* con *muffins* de colores y, sobre todo, pidió que se le recordara por todos los momentos en los que había disfrutado de la vida, nada de los últimos meses donde sufrió, eso ya había quedado atrás.

Como puedes ver, hay una gran diferencia con lo que estamos acostumbrados. Esta familia tiene un hermoso recuerdo de la partida de esta persona; evidentemente, el dolor de no poder volver a tocarla o de poder mantener una charla con ella lo tienen, pero lo tienen desde el amor más puro, porque fueron capaces de hacer el mayor acto de generosidad, que es apoyar, compartir y acompañar de una manera consciente a esta persona.

Tengo que decirte que sí que recibieron señales y, hoy en día, creo que las siguen recibiendo. Al ser tan consciente la transición, es todo mucho más fácil y el amor se puede palpar mucho mejor, ya que el dolor, que es ese velo que a veces no nos deja ver, se convierte en una fina tela de araña que transparenta y deja entrever lo que hay al otro lado. Solo hay que estar predispuesto a ello y creer.

CAPÍTULO DOCE
Desde el corazón

Cogerle la mano a un ser querido o un extraño, en mi caso me da igual porque me gusta ayudar, que está en sus últimos minutos de aliento de vida y poderle decir que va a estar bien, en paz y con todos aquellos que partieron antes que él es lo más bonito que puedes hacer ante esta circunstancia por la que vamos a pasar todos, de una manera u otra. ¿Por qué se le da tan poca importancia? Cuántas veces habré escuchado... bueno, si ya está en las últimas, qué más da, o que lo seden y que aguante lo que sea. ¡¡¡¿Perdona?!!! No, eso no puede ser.

Debemos tener más empatía. Te pregunto a ti: ¿te gustaría morir solo? ¿Con miedo a lo desconocido?

¡¡A MÍ NO!!

Por eso he escrito este pequeño manual o libro, al igual que me encantaría poder crear centros donde se trataran los cuidados paliativos a las personas que van a trascender de una manera consciente y respetuosa.

Porque algo te puedo asegurar, y es que hay un lugar maravilloso al que vamos cuando trascendemos, al igual que estoy segura de que volvemos si ellos así lo ven necesario porque no hayamos cumplido nuestros propósitos.

Del otro lado, lo que me han dejado ver, puedo decir que allí no existe el dolor ni la tristeza, solo hay amor y mucha paz, aunque, como he dicho ya en varias ocasiones, sí hay una jerarquía, pero no por ello significa que no sea un lugar mágico. Solo hay que escuchar a las personas que han tenido experiencias cercanas a la muerte; algunas llegan a decir que no querían volver…

Somos energía con un préstamo de un cuerpo con la oportunidad de vivir una vida como queramos, pero debemos tener en cuenta nuestros propósitos y los valores, porque a veces noto cómo ellos se enfadan y el universo nos castiga por eso. No somos dueños de nada, solo de nuestros actos, y tenemos que razonar sobre cómo y qué estamos haciendo…

Venimos al mundo con amor y debemos irnos con amor y de una manera consciente, y si no es posible que sea consciente, al menos que sea de una manera humanizada. Y de aquellos que se marchan de una forma fortuita y traumática, no te preocupes, hay ayuda aquí y allí.

AGRADECIMIENTOS

Este apartado no podía faltar porque, gracias al universo, he tenido y tengo el placer de haberme cruzado en mi vida con gente maravillosa. Primero empezaré por agradecer a mi familia, a la terrenal, mi marido Manuel, mis hijos Claudia y Mario, mis padres Rafael y Paqui… a mi maestro P. Barea aquí en la tierra, con el que he compartido horas y horas de experiencias únicas; a mis terapeutas, que cuando he llegado a no poder más me han ayudado a buscar el equilibrio energético y, sobre todo, a encontrarme a mí misma.

Ahora es el turno de mis seres de luz, los que trascendieron hace tiempo pero me han ayudado a desarrollar este don y a no tenerle miedo. Al primero que quiero agradecer es a mi maestro en el otro lado, no sé su nombre, pero sí puedo describirlo y, sobre todo, agradecerle todas y cada una de las veces que me ha dado un tirón de orejas para que me aceptara como soy y con lo que soy capaz de hacer; a mi tío Antonio Fernández, el cual murió el 6 de enero del 2005, el cual me enseñó que se podía sentir a quien el ojo no ve; a papá Manolo, quien murió en 1997, y a él darle las gracias por el nieto que crió, que es mi marido, y pedirle disculpas por no haber podido cumplir con su deseo ya que no depende de nosotros, pero lo conseguiremos.

Y agradecer a todos y cada uno de los seres de luz que me han elegido para poder ayudarlos o mandarle algún mensaje a alguien, ya que ellos me han hecho ser quien soy.

Y a ti, que has leído mi libro, te lo agradezco de corazón y espero haberte ayudado, aunque sea un poquito.

¡¡¡GRACIAS A TODOS!!!

ÍNDICE